ERNEST LEGOUVÉ

DE L'ACADÉMIE FRANÇAISE

UN TOURNOI

AU XIXe SIÈCLE

PARIS

ALPHONSE LEMERRE, EDITEUR

27-29, PASSAGE CHOISEUL, 27-29

M D CCC LXXII

ERNEST LEGOUVÉ

DE L'ACADÉMIE FRANÇAISE

UN TOURNOI

AU XIXE SIÈCLE

PARIS

ALPHONSE LEMERRE, EDITEUR

27, PASSAGE CHOISEUL, 29

M D CCC LXXII

UN TOURNOI

AU XIXᵉ SIÈCLE

AVANT LA BATAILLE.

N tournoi à Paris! en 1872! Oui, vraiment. Jugez-en. Vous vous rappelez le cérémonial des tournois : un héraut d'armes proclamait, à son de trompe, à dix lieues à la ronde, que tel jour, à telle heure, en tel lieu, cinq ou six chevaliers se tiendraient, tout en armes, depuis le lever du jour jusqu'à la nuit,

prêts à combattre tout adversaire qui se présenterait dans le champ clos. Eh bien, c'est ce que viennent de faire dix ou douze jeunes gens qui comptent dans le monde de Paris parmi les plus distingués et les plus élégants. Il ne s'agit pourtant ici ni de joutes à la lance ou à la rapière, ni de brillantes passes à cheval; on combattra à pied, on combattra avec une seule arme et avec la plus inoffensive de toutes les armes, mais qui, dans une main habile, fait briller plus qu'aucune autre la grâce, l'adresse et l'agilité! Vous voulez le mot de l'énigme, le voici. Tout le monde connaît Robert aîné, le roi des tireurs de la génération actuelle, le seul peut-être qui fasse penser à Bertrand; eh bien, les élèves de Robert viennent d'envoyer à tous les maîtres d'armes de Paris un appel aussi courtois que hardi, portant que le lundi

27 mai, de deux à six heures, ils se tiendront dans la salle de Robert, rue Saint-Marc, 14, prêts à lutter contre tous les tireurs qui se présenteront, professeurs ou élèves. Un tel défi est un peu fier, adressé à des maîtres tels que MM. Mimiague, Jacob, Pons, Staat, Gras, Hamel, etc.; mais aussi quels tireurs que ces élèves!

Je vous présente d'abord M. Fery d'Esclands, qui a si bravement conquis sa croix d'honneur pendant le siége de Paris, par cinq mois de campagnes volontaires et pleines de périls à la tête de ses tirailleurs-éclaireurs. Je l'appelais un Franchetti à pied. Comme tireur, je n'en sais pas d'aussi redoutable. Impassible, ne rompant jamais, ne courant jamais, planté carrément sur ses deux jambes nerveuses comme sur deux ressorts d'acier, il ressemble à un juge sur son tribunal; le fleuret dans sa main a l'air du glaive de la loi; quand il vous touche, on dirait qu'il vous exécute.

Après lui, voici venir M. Antonio Ezpeleta. On peut dire que son nom est son portrait; un nom plein de brio et de brillant, un tireur plein de brillant et de brio! Il y a du Castillan dans le jeu de cette épée. C'est une spada. Autant M. Fery est calme, grave, ferme, autant M. Ezpeleta est bouillant, impétueux, audacieux, élégant. En vain sa tête est-elle couverte de notre sombre masque de fer, en vain porte-t-il notre pâle gilet d'armes! A peine l'assaut engagé, à peine sont portés les premiers coups de cette lame étincelante, que la prosaïque veste disparaît et se transforme en un brillant costume de torero; on croit voir la résille, l'écharpe brodée et pailletée, et quand M. Ezpeleta plante dextrement à son adversaire un coup en pleine poitrine, je dis tout bas : Bravo, Montès !

Je vous présente maintenant M. Saucède. Méfiez-vous de celui-là ! Avec lui, pas de fioritures, pas de vaines élégances. C'est le tireur pratique, le tireur de tête. Tout pour le solide. Des gestes rares, aucune dépense inutile ; l'œil fermement fixé sur son adversaire, quelques sobres engagements en marchant, une lame qui vous tâte, un regard qui vous sonde, une tranquillité apparente qui vous trompe ; puis tout à coup, dès qu'il a trouvé son moment, du milieu de son calme, il vous lance un coup de bouton rapide comme un éclair, et rentre immédiatement dans son insouciance, exactement comme le prince de Benevent jetait ses mots d'esprit dans la conversation. M. Saucède ferait un admirable diplomate ; c'est le Talleyrand de l'escrime.

Vient ensuite M. le prince Georges Bibesco. Vous savez ce que représente de goût, de grâce et d'ardeur mêlée d'élégance, le beau mot de chevalier. Eh bien, M. le prince Bibesco est, je ne dirai pas le prince des tireurs, il ne me le permettrait pas, mais le tireur-prince, le tireur chevaleresque. Ses coups de bouton sont si courtois, qu'on leur pardonne d'être aussi vites, et quand il vous bat, ce qui arrive souvent, on est presque tenté de lui dire merci.

Cette liste réclame encore deux noms : M. Brinquant et M. le baron Fain. M. Brinquant est certainement le plus fort gaucher d'aujourd'hui ; jeune, nerveux, fiévreux, il a une activité de main prodigieuse. On a compté combien nos six avocats les plus célèbres prononcent de mots par minute : le plus actif en débite 180 ; eh bien, M. Brinquant tire comme cet avocat parle ; je suis convaincu qu'il porte autant de coups en vingt secondes qu'un autre tireur en soixante ; or c'est une grande chance pour gagner que de mettre aussi souvent à la loterie. Les adversaires de M. Brinquant s'en aperçoivent. Je le définis un tireur de tempérament.

M. le baron Fain est un tireur de science ; il appartient à l'école Saucède, mais avec une tenue d'épée et une précision d'à-propos qui lui sont tout à fait particulières ; nul ne sait mieux lire dans la pensée de ses adversaires et les amener à faire ce qu'il veut. Il y a du magnétisme dans son calme.

Voici mes fonctions de héraut d'armes achevées, permettez-moi d'ajouter quelques mots comme tireur.

Je voudrais que l'on instituât dans nos lycées l'escrime obligatoire, et cela non-seulement pour cause de santé, mais parce que l'escrime est un art vraiment

national, un art français comme la conversation. Qu'est-ce que faire des armes?
c'est causer; car qu'est-ce que causer?
N'est-ce pas attaquer, parer, riposter,
toucher surtout, si l'on peut? Les Alle-
mands ont le sabre, les Espagnols le
couteau, les Anglais le pistolet, les
Américains le revolver, mais l'épée est
l'arme française. « Porter l'épée, tirer
l'épée, » sont deux mots que vous ne
trouverez, dans leur signification un
peu crâne, que dans notre langue; deux
mots dont l'un exprime un droit de gentilhomme, l'autre un fait de galant
homme, tous deux je ne sais quoi d'élégant, de chevaleresque, d'un peu vani-
teux, qui peint un trait de notre caractère et se lie à nos traditions sociales!
Je voudrais que notre démocratie restât
aristocratique de manières, de senti-
ments, et rien n'y peut mieux aider que
le maniement de l'épée. L'épée n'a-

t-elle pas le plus beau des priviléges?
C'est la seule arme qui puisse vous ven-
ger sans effusion de sang! Je ne sais
pas de plus beau jour pour un galant
homme et un habile homme, que celui
où, trouvant devant lui un adversaire
qui l'a offensé et qu'il pourrait tuer, il
le punit en le désarmant!

Je réclame encore pour l'escrime
comme auteur dramatique.

Que deviendrions-nous, je vous le de-
mande, nous, pauvres auteurs de comédie, sans le duel à l'épée? Le pistolet
est un brutal qui ne convient qu'aux
drames bien noirs et aux dénoûments.
Mais l'épée! elle est de fête partout;
elle sert aux expositions, aux déclara-
tions, aux réapparitions! Que voulez-
vous qu'on fasse dans une comédie d'un
homme blessé au pistolet? Il n'est plus
bon à rien. Mais à l'épée, il revient
deux minutes après, la main dans le

gilet et essayant de sourire. La jeune
fille ou la jeune femme lui dit : « Comme
vous êtes pâle, monsieur ! — Moi, ma-
demoiselle... » Alors paraît, par hasard,
un petit bout de taffetas d'Angleterre...
« Ciel ! Henri, vous vous êtes battu !... »
Ah ! l'admirable verbe que le verbe se
battre ! Tous les temps en sont bons.
« Vous vous battez !... Battez-vous !...
Ne vous battez pas !... » Et comme il
va bien avec les exclamations ! « Mon
ami ! par grâce !... Monsieur, vous êtes un
lâche !... Arthur ! Arthur !... je me jette
à tes pieds !... » Ne me parlez pas de
théâtre sans ces deux collaborateurs
indispensables... l'épée et l'amour.

Je m'arrête, car j'en dirais trop, et
j'en ai assez dit, j'espère, pour attirer
lundi, à ce tournoi d'escrime, tout ce
que Paris compte d'adeptes dans cet art
utile et charmant.

APRÈS LA BATAILLE

E sors de l'assaut. J'en sors ravi, presque ému. Cette affluence énorme, cette assistance choisie, la curiosité fiévreuse des spectateurs, l'ardeur pleine de courtoisie des tireurs me semblaient comme un des signes de notre réveil, un témoignage de notre retour aux passe-temps virils et aux plaisirs salubres. Pendant cette lutte de cinq heures, pendant ces quarante assauts, pas un coup de nié, pas un mot de colère de prononcé, pas un cigare de fumé ! Je voudrais, à la façon du Tasse ou du bon Homère, vous énumérer ici l'élégant et rapide Waskewicz, le bouillant Villeneuve, Chastellain l'ardent lutteur, Prévost l'académique, Ruzé père et fils, et Picard et le nerveux Pellerin; je voudrais vous signaler dans le jeune professeur Mérignac un tireur de premier ordre; je voudrais vous peindre le combat entre la finesse élégante du prince Bibesco et la légèreté brillante de M. Waskewicz; la double joute vigoureuse où M. Chabrol, le digne élève de Mimiague, a trouvé dans MM. Brinquant et Saucède deux adversaires si redoutables; j'aimerais surtout à vous décrire l'assaut final, l'assaut merveilleux entre M. Féry d'Esclands et Robert aîné; mais un mot suffit : M. Féry d'Esclands a été à la hauteur de sa réputation, à la hauteur de son maître, et il a fallu que le maître se surpassât

lui-même, pour être d'un degré au-
dessus de son élève. Permettez-moi
donc d'arriver à un fait général et inté-
ressant pour l'escrime, que cette belle
séance a mis en lumière.

Les révolutions ne sont jamais par-
tielles; elles ne se bornent pas au
point spécial sur lequel elles portent;
leurs coups se répercutent tout autour
d'elles en contre-coups. La célèbre réac-
tion de l'école poétique de 1830 contre
le style académique ne se limita ni à la
poésie ni à la peinture; elle s'éten-
dit jusqu'à l'escrime. Les Gomard, les
Charlemagne, les Cordelois virent avec
un juste regret s'élever une école
nouvelle, qui, n'ayant souci que du
coup touché, rejetait comme inutile,
et presque comme ridicule, la grâce
des attitudes et l'harmonie des mou-
vements. En vain Bertrand, notre in-
comparable Bertrand, prouvait-il par

ses leçons comme par ses exemples
que la régularité n'est un obstacle à la
vitesse que chez les tireurs qui n'ont pas
de vitesse. En vain ses triomphes mul-
tipliés démontraient-ils qu'on peut être
à la fois le plus gracieux et le plus terrible des tireurs ; chaque jour le système
nouveau gagnait du terrain ; c'est donc
avec un vrai plaisir que j'ai constaté, le
27 mai, dans M. Mérignac, dans le jeune
M. Prévost, et particulièrement dans le
prince Bibesco, un retour aux traditions
de la régularité et de l'élégance; le
prince Bibesco apporte dans sa tenue,
dans sa façon de se mettre en garde et
dans son salut, un soin, je dirai volon-
tiers une coquetterie qui est du meilleur
goût. C'est rendre à l'escrime son plus
beau titre... le titre d'art. Réduite à la
définition du *Bourgeois gentilhomme*,
c'est-à-dire au talent de donner des
coups de bouton et de n'en pas recevoir,

l'escrime reste sans doute un exercice salutaire, un jeu amusant, un moyen utile de défense, mais ce n'est plus un art, car il n'y a pas d'art là où il n'y a pas de beauté.

Je soumets ces réflexions à un des juges du camp du 27 mai, au tireur amateur le plus complet que j'aie connu, à M. Choquet.

Ai-je tout dit ? Non. Et nous pouvons tirer de cette séance autre chose qu'un simple jugement de coups de bouton. Dans la position terrible où se trouve notre pays, la pensée de son relèvement se mêle forcément pour nous aux plus petits faits comme aux plus grands. Eh bien, pendant ces cinq heures de lutte, savez-vous à qui j'ai pensé? à toutes les mères qui ont des fils! Ce n'est donc plus au public et à vous, c'est à elles que je veux m'adresser, c'est à elles que je dis : Donnez-nous vos fils, nous

3

vous aiderons à en faire des hommes !
La France a plus besoin que jamais de
cœurs virils et de corps vigoureux ;
donnez-nous vos fils, nous vous aiderons à en faire des Français !

Les mères sont, en général, pleines
de préventions contre l'escrime ; leur
tendresse voit toujours une épée dans
un fleuret, et elles craignent que la salle
d'armes ne fasse de leurs fils des spa-
dassins. Qu'elles se détrompent. Je ne
connais pas un spadassin dans les
habiles tireurs de Paris. Un lâche seul
peut provoquer une lutte où il n'y a de
péril que pour son adversaire. Un homme
de cœur trouve dans sa force même le
droit et le devoir de rester modéré en
étant ferme ; et comme cette force con-
seille également aux autres la modéra-
tion envers lui, il s'ensuit que l'habileté
en escrime est une double raison pour
se battre plus rarement.

Les mères cherchent pour leurs fils des amitiés sérieuses et utiles : il n'est pas de meilleure camaraderie que celle qui se forme le fleuret à la main ; car on n'est pas seulement amis, on est compagnon d'armes.

Les mères aiment pour leurs fils des plaisirs sains et utiles. Eh bien, une salle d'armes est une salle de spectacle où abondent des originaux aussi amusants qu'au théâtre. Il y a d'abord la classe nombreuse des tireurs qui ne tirent pas et qui ne tireront jamais ; puis les tireurs *pour cause de ventre,* ceux à qui leur médecin ou leur femme ordonne de maigrir, et qui, après avoir pendant deux heures sué comme des bœufs, soufflé comme des phoques, fumé comme des *puddings* bouillis, vous disent de bonne foi : « *Je viens de faire des armes !* »

Une salle d'escrime est encore une

école d'observation. On y apprend à
juger les hommes. Il n'y a pas de dissi-
mulation possible le fleuret à la main ;
après cinq minutes d'assaut, le faux
vernis de l'hypocrisie mondaine tombe
et coule avec la sueur comme le fard,
et au lieu de l'homme du monde, poli,
en gants jaunes, au parler de convention,
vous avez devant vous l'homme véritable,
réfléchi ou étourdi, faible ou ferme, rusé
ou naïf, sincère ou de mauvaise foi.
L'âme ne se voit jamais mieux qu'à tra-
vers les mailles serrées de ce masque de
fil de fer. Je me rappelle qu'après un
assaut vigoureux avec un fort courtier en
vins, dont j'avais accepté les services pour
quelques fournitures, je dis au maître
de la maison : « Je n'achèterai rien à
cet homme-là ; son vin doit être frelaté :
il nie tous les coups. » Aussi, pour les
pères qui ont des filles à marier, j'ajoute
cette recommandation : quand il se pré-

sentera un prétendu pour votre fille, ne
perdez pas votre temps à prendre des
informations, trop souvent menteuses;
dites simplement à votre gendre futur :
« Voulez-vous faire une botte ? » Au
bout d'un quart d'heure vous en saurez
plus long sur son caractère qu'après six
semaines d'investigations.

Enfin, et c'est par là que je termine,
les mères sensées ne prétendent pas que
leurs fils soient sans passions; elles veu-
lent seulement qu'ils aient les bonnes,
c'est-à-dire celles qui tuent les mau-
vaises. Eh bien, l'amour de l'escrime
est une de celles-là. Montesquieu a
écrit quelque part qu'il n'avait jamais eu
dans sa vie un chagrin dont une heure
de lecture ne l'eût consolé. Je serais
bien fâché d'en dire autant de l'escrime;
mais ce que je puis certifier, c'est que
je ne connais pas de préoccupation qu'un
assaut vigoureux ne dissipe, ni une

mauvaise tentation dont il ne vous délivre. Je me rappelle dans ma jeunesse, quand il n'y avait pas encore de chemins de fer, avoir fait vingt lieues pour chercher un assaut, et je vous réponds qu'au retour je n'étais pas tenté de faire une sottise. L'escrime est en effet l'exercice où l'homme se dépense le plus violemment et se sent vivre le plus pleinement. C'est le sang qui court à grands flots dans les veines, le cœur qui bat, la tête qui bout, les artères qui tressaillent, la poitrine qui se soulève, les pores qui s'ouvrent; et si l'on pense qu'à ce vital plaisir se joint le bonheur de sentir sa force et sa souplesse décuplées; si on songe aux joies ardentes de l'amour-propre, au plaisir de battre, à la rage d'être battu et aux mille vicissitudes d'une lutte qui se termine et recommence à chaque coup porté, on comprendra qu'il y a dans l'exercice de cet art un véritable enivrement dont la passion du jeu peut seule donner une idée. Oui, l'escrime est le jeu! mais le jeu avec le vice en moins et la santé en plus.

Imprimé

LE 15 JUIN MIL HUIT CENT SOIXANTE-DOUZE.

PAR J. CLAYE

POUR A. LEMERRE, LIBRAIRE

A PARIS

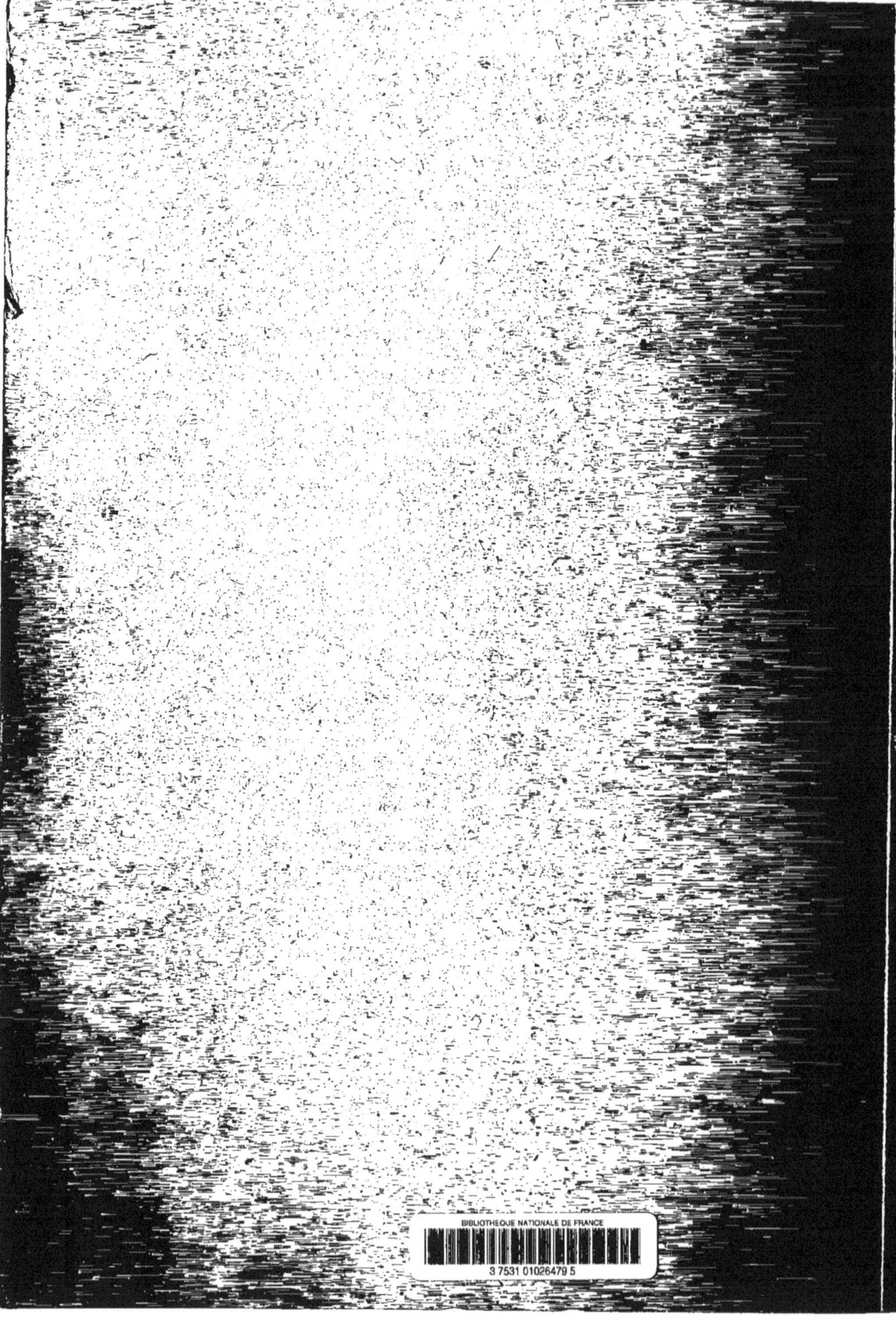
BIBLIOTHEQUE NATIONALE DE FRANCE
3 7531 01026479 5

9 782014 439588